बाल हनुमान

हनुमान का जन्म

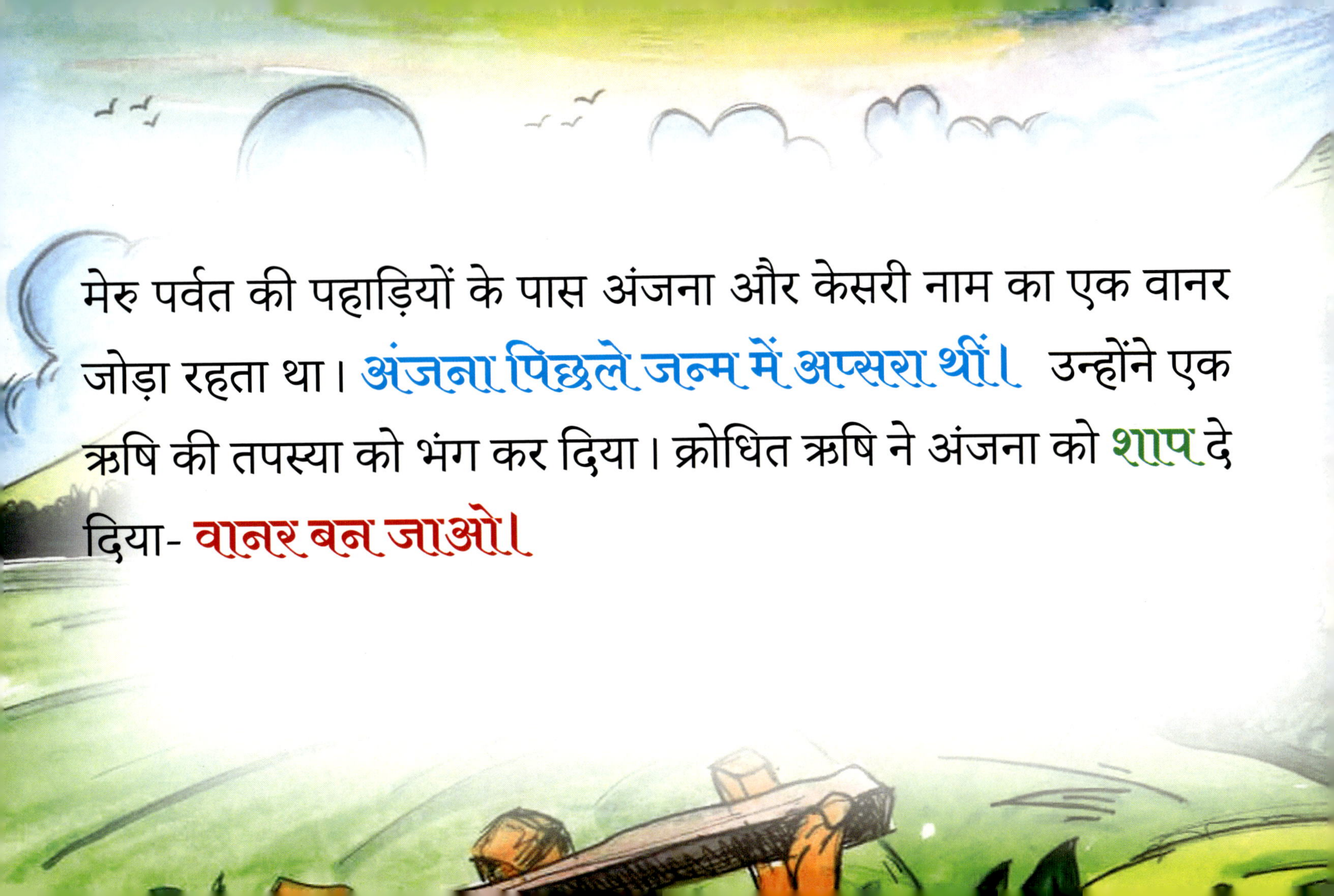

मेरु पर्वत की पहाड़ियों के पास अंजना और केसरी नाम का एक वानर जोड़ा रहता था। अंजना पिछले जन्म में अप्सरा थीं। उन्होंने एक ऋषि की तपस्या को भंग कर दिया। क्रोधित ऋषि ने अंजना को शाप दे दिया- वानर बन जाओ।

यह शाप सुनकर अंजना विलाप करने लगीं। ऋषि को दया आ गयी। उन्होंने कहा- तुम एक **शक्तिशाली** पुत्र को जन्म दोगी। उस पुत्र को जन्म देने के बाद तुम वानर शरीर से मुक्त हो जाओगी।

अंजना ने वानर के रूप में जन्म लिया।

विवाह के बाद उन्होंने पुत्र प्राप्ति के लिए शिव की आराधना की।

इसी समय राजा दशरथ संतान प्राप्ति के लिए **यज्ञ** कर रहे थे। इससे प्रसन्न होकर **अग्नि देवता हाथ में दिव्य खीर लेकर प्रकट हुए।** अग्नि देवता ने कहा कि इसे तीनों रानियों को खिला दिया जाए। रानियों तक खीर पहुँचाने की जिम्मेदारी पवन देवता को सौंपी गई।

पवन देवता ने खीर का थोड़ा-सा हिस्सा अंजना को दे दिया।

उन्होंने खीर देते हुए आशीर्वाद दिया-

तुम्हारा पुत्र **पवन-वेग से उड़ने वाला** होगा।

आशीर्वाद के प्रभाव से अंजना ने एक पुत्र को जन्म दिया।

केसरी और अंजना के इस पुत्र का नाम अंजनेय रखा गया।

पवन देवता के आशीर्वाद से पैदा होने के कारण उन्हें **पवन-पुत्र** भी कहा गया।

हनुमान जी के पैदा होते ही माता अंजना शाप से मुक्त हो गयीं।

अंजनेय से कैसे बने हनुमान

अंजनेय बहुत शरारती थे। वह रोज अलग-अलग तरह की शरारतें करते रहते थे:

बड़े-बड़े पेड़ों को हिलाना

पत्थरों से खेलना

दूसरों को परेशान करना

एक समय अंजनेय भूख से व्याकुल थे।

उस समय माँ घर पर नहीं थीं। वह भोजन की तलाश में घर से बाहर निकल गये।

दूर आकाश में उन्हें चमकता हुआ सूरज दिखाई पड़ा।

उन्हें लगा यह कोई पका हुआ फल है।

एक बालक को अपनी ओर बढ़ता देखकर सूर्य देवता डर गये।

उन्होंने देवराज इंद्र से रक्षा के लिए गुहार लगायी।

इंद्र ने भाले से अंजनये पर प्रहार कर दिया।

प्रहार से उसका जबड़ा (हनु) टूट गया।

पुत्र को इस हाल में देखकर पवन देवता क्रोधित हो गये। उन्होंने पृथ्वी से सारी वायु सोख ली।

वायु के अभाव में सारे जीवों का दम घुटने लगा।

पवन देव को प्रसन्न करने के लिए सारे देवताओं ने अंजनेय को तमाम शक्तियाँ दीं।

अंजनेय कोई भी रूप बदल सकते हैं!

अंजनेय अग्नि और जल में सुरक्षित हैं!

अंजनेय अमर हैं!

धीरे-धीरे पवन देवता का क्रोध शांत हुआ।

उन्होंने वायु को पृथ्वी पर वापस छोड़ दिया। इसके बाद जनजीवन सामान्य हो गया।

अपने टूटे हुए जबड़े के कारण अंजनेय हनुमान के नाम से प्रसिद्ध हो गये।

हनुमान की शिक्षा

हनुमान जी सूर्य देवता को अपना गुरु बनाना चाहते थे।

सूर्य देवता ने कहा-

मैं निरंतर चलता रहता हूँ,

तुम्हें शिक्षा कैसे दे पाऊँगा?

हनुमान जी ने कहा कि मैं पूरे दिन आपके पीछे-पीछे चलता रहूँगा।

हनुमान जी के समर्पण को देखते हुए सूर्य देवता उनके गुरु बनने के लिए तैयार हो गये।

हनुमान जी सूर्य देवता के साथ-साथ चलते हुए शिक्षा ग्रहण करने लगे। जल्दी ही हनुमान जी ने सब कुछ सीख लिया। इससे सूर्य देवता बहुत प्रभावित हुए।

शिक्षा समाप्त होने के बाद हनुमान जी ने अपने गुरु सूर्य देवता से पूछा-

"क्या मैं आपको कोई गुरु दक्षिणा दे सकता हूँ?"

तब सूर्य देवता ने उन्हें किष्किंधा पर्वत जाने को कहा।

हनुमान जी ने अपने गुरु को प्रणाम किया और
किष्किंधा पर्वत के लिए प्रस्थान कर गये।

लंका दहन

भगवान राम माता सीता की खोज में भटकते हुए किष्किंधा पहुँचे।

वहाँ उनकी भेंट हनुमान जी से हुई।

हनुमान जी माता सीता को ढूँढने के लिए श्रीलंका गये।

उन्होंने माता सीता को भगवान राम की अँगूठी दी।

हनुमान जी बहुत भूखे थे। उन्होंने माता सीता से पूछा और वाटिका में लगे स्वादिष्ट फल खाने लगे।

जब हनुमान जी का पेट भर गया तब वह वाटिका को नष्ट करने लगे।

जिन राक्षसों ने उन्हें पकड़ने की कोशिश की उसे भी मार डाला।
अंत में रावण के बेटे मेघनाद ने उन्हें पकड़ लिया।

उन्हें पकड़कर रावण के सामने ले जाया गया।

रावण ने सोचा कि हनुमान जी को सबक सिखानी चाहिए।

उसने कहा- बन्दरों को अपनी पूँछ बहुत प्रिय होती है।

अतः इस बन्दर की पूँछ में आग लगा दी जाए।

राक्षसों ने उनकी पूँछ पर तेल और कपड़ा लपेटना शुरू किया। उधर हनुमान जी अपनी पूँछ बढ़ाने लगे। जितना कपड़ा लपेटा जाता पूँछ उतनी ही बढ़ जाती।

धीरे-धीरे लंका का सारा कपड़ा ख़त्म होने लगा।

जैसे ही राक्षसों ने उनकी पूँछ में आग लगायी हनुमान जी एक इमारत से दूसरी इमारत पर कूदने लगे।

थोड़ी देर में ही पूरी लंका में आग लग गई।

पूरी लंका धू-धूकर जलने लगी।

संजीवनी न मिलने पर उठा लाये पर्वत

भगवान राम वानर सेना के साथ लंका की ओर चल पड़े। उनकी सेना रास्ते में पड़ने वाले समुद्र पर पुल बनाकर उसे पार कर गयीं।

सेना लंका जा पहुँची।

राम और रावण की सेना के बीच भयंकर युद्ध आरम्भ हो गया।

युद्ध में लक्ष्मण गंभीर रूप से घायल हो गये। उनकी **चिकित्सा** के लिए भगवान राम ने वैद्य को बुलाया।

वैद्य ने कहा-

सिर्फ संजीवनी बूटी से ही प्राण बच सकते हैं!

उन्होंने बताया कि यह बूटी संजीवनी पर्वत पर मिलती है। इसका पौधा बहुत चमकदार होगा।

जब हनुमान जी संजीवनी पर्वत पर पहुँचे। उन्होंने देखा कि वहाँ सारे ही पौधे चमक रहे थे।

समय कम था, इसलिए हनुमान जी संजीवनी पर्वत ही उठा लाये। वैद्य ने ज़रूरी औषधि लेकर लक्ष्मण जी को फिर से जिन्दा कर दिया।

The kid books

अनबाउंड स्क्रिप्ट का उपक्रम

बाल हनुमान

प्रथम संस्करण - जनवरी, 2025

ISBN : 978-81-19745-86-9

प्रकाशक : **अनबाउंड स्क्रिप्ट**
2/41, अंसारी रोड,
दरियागंज, दिल्ली - 110002
वेबसाइट : www.unboundscript.com
ई-मेल : books@unboundscript.com
फोन नं. : 011-35807601

BAAL HANUMAN
Retold by Kamini Gayakwad
Illustrated by Unbound Script

Printed in India

मूल्य : ₹ 199/-

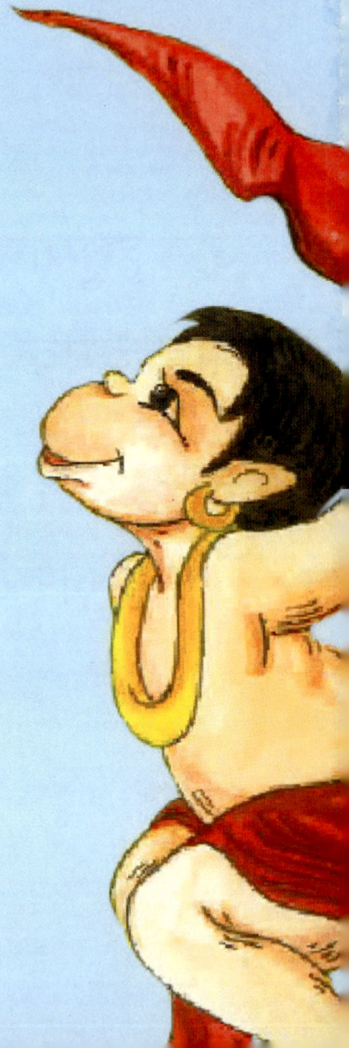